ABREGÉ

DE LA VIE

DE

Mr LOMBERT,

TRADUCTEUR

DE LA CITE' DE DIEU

DE SAINT AUGUSTIN.

A LA HAYE,

Chez PIERRE GOSSE,

M. DCC. XXXVI.

AVERTISSEMENT

SUR

CETTE NOUVELLE EDITION.

CE n'eſt point une nouvelle Traduction de la Cité de Dieu de Saint Auguſtin, que nous donnons aujourd'hui au Public ; c'eſt une Edition nouvelle d'une Traduction connuë & eſtimée depuis long-tems. Sa rareté, le prix qu'elle coûtoit, & l'empreſſement du Public à la rechercher, nous ont engagé à entreprendre cette nouvelle Edition, qui eſt auſſi correcte que l'ancienne, & dans une forme plus commode. Le Traducteur dans ſa Préface, a eu ſoin de faire connoître quelques-uns de ceux qui avoient entrepris avant lui de traduire en françois en tout ou en partie, le même ou-

 vrage

vrage de S. Augustin, mais il n'a
rien dit pour se faire connoître lui-
même, & on ne le trouve seulement
pas nommé dans aucune Edition
de sa Traduction. Tant qu'il a vécu
l'on n'a pu vaincre sa modestie sur
cet article. Maintenant qu'il ne vit
plus parmi nous que par ses écrits,
on peut sans risquer rendre honneur
à sa mémoire. Voici ce que nous en
avons appris de certain.

Il se nommoit Pierre Lombert,
& étoit né à Paris dans une famille
honnête. Elevé avec soin & pré-
venu de bonne heure des graces du
Ciel, il fit également de grands
progrès dans la pieté & dans les
lettres qui ne se trouvent pas toujours reunies, & qui souvent même
sont un obstacle l'un à l'autre. L'é-
tude du Droit fit quelque tems son
occupation, & il se fit recevoir
Avocat au Parlement de Paris.
Nous ignorons s'il a fait briller
long-tems ses talens au bareau ; il
étoit capable de s'y acquerir une
grande

grande réputation. Mais il y a lieu de croire que son goût pour l'étude de l'Ecriture & des Peres de l'Eglise, & son amour pour la retraite ne tarderent pas à l'éloigner du monde & de tout emploi séculier. On sçait qu'il fut lié de bonne heure avec les pieux & savans solitaires qui demeuroient à Port-Roïal, qu'il habita quelque tems le même désert, & qu'il partagea avec eux les mêmes travaux, & le même genre de vie. Sensible à la pieté il auroit voulu la voir dominer dans tous les cœurs, & c'étoit pour s'y affermir lui-même, que sans mépriser les sciences profanes qui n'y sont point inutiles, quand on en fait un bon usage, il préféra l'étude des Peres, & qu'à l'exemple de ceux avec qui il vivoit, il s'appliqua à traduire en notre langue plusieurs de leurs écrits. Quiconque n'est point étranger dans la République des lettres, sçait qu'un des moyens que l'on a choisi

    pour

pour renouveller les études en Europe qui ont été si long-tems comme ensevelies dans les ténébres de l'ignorance avant le xv. siecle, a été de traduire les meilleurs ouvrages des anciens en langue vulgaire; que la France s'est particuliérement distinguée en ce genre & que le bon goût qui s'y est renouvellé plutôt, a fait tellement naître l'envie à nos voisins d'apprendre notre langue, que l'on peut dire que les ouvrages écrits en françois ont été pour la plus grande partie de l'Europe une source abondante de connoissances utiles. Si quelques Critiques modernes ont avancé le contraire, ils n'ont pas donné en cela des preuves de leur discernement. MM. de Port-Roïal qui ont presque été les premiers écrivains françois qui ont écrit purement en notre langue, furent aussi les premiers qui contribuerent à la mettre en honneur. Si l'on ne trouve pas dans plusieurs toute l'élégance & toute la délica-
tesse

catesse du style que ceux qui sont venus depuis ont pû faire briller dans leurs écrits, on ne peut leur refuser l'exactitude, la pureté du langage, & un heureux choix pour les expressions. L'étude reflechie de notre langue ne faisant presque que de naître lorsqu'ils ont commencé à écrire, il n'est pas étonnant qu'ils n'ayent pas atteint ce dégré de perfection, où l'on est parvenu depuis. Mais on les regardera toujours comme d'*excellentes plumes*, comme le Pere de T... J... en convient lui-même dans l'éloge de l'Abbé de Bellegarde inséré dans le Mercure de France, du mois de Novembre 1735. On a pû aller plus loin qu'eux; mais ils avoient montré la voye, & ils y avoient fait eux-mêmes beaucoup de chemin. La sincérité & la reconnoissance ne permettront jamais à un Auteur judicieux de rien dire de contraire.

Monsieur Lombert formé à leur

 école

école, & doüé d'ailleurs d'un esprit excellent, n'a point été l'un des moindres Auteurs qui soient sortis de cette célébre societé. Pouvant produire de lui-même des ouvrages qui eussent pu lui acquerir un grand nom, il se borna à la qualité de Traducteur; & plein du désir d'inspirer aux autres la pieté & l'amour de la vertu dont il se sentoit enflamé, il prit pour objets de ses occupations & de ses travaux des ouvrages choisis des Peres de l'Eglise & de quelques Auteurs modernes, qui ont écrit solidement sur la pieté, & s'appliqua à les traduire en notre langue. Sa traduction des premiers Chapitres du Cantique des Cantiques par Saint Bernard, fut son coup d'essai : elle parut en 1670. à Paris, & fut très-estimée. Deux ans après, c'est-à-dire, en 1672; il donna dans la même langue tous les ouvrages de Saint Cyprien Evêque de Carthage & Martyr. Les maximes relachées sur la
péni-

Pénitence, sur l'Amour de Dieu, & sur plusieurs autres points importans de la Morale Chrétienne, qui faisoient depuis long-tems de grands ravages en France, l'engagerent à entreprendre cette traduction. Son but étoit de faire voir aux Fidéles ce qu'un saint Docteur l'un des plus éclairés des premiers siecles de l'Eglise, avoit pensé sur ces matieres, & de leur donner par cette lecture une juste horreur de ces nouveautés profanes que l'ignorance & la cupidité avoient introduites, & qui étoient capables d'anéantir la vraie pieté dans le cœur du plus grand nombre, & de mettre en sa place un pharisaïsme d'autant plus dangereux qu'il flattoit davantage la nature corrompuë. Cette traduction des ouvrages de Saint Cyprien fut imprimée à Paris en deux volumes *in-quarto.* On y trouve une nouvelle vie du saint Martyr, assez détaillée, & qui a toujours passé pour exacte. Dans

¶ v les

les remarques sur les œuvres de ce
Pere qui ornent cette traduction ;
l'on apperçoit un critique éclairé,
judicieux & qui paroît bien inftruit
de l'ancienne difcipline & de l'hi-
ftoire de l'Eglife. Il avoit profité des
Mémoires du fçavant M. de Tille-
mont fur ce qui regarde Saint Cyprien, & le tems où vivoit ce faint
Docteur ; il en a fait un ufage très-
utile pour fes lecteurs. La Chrono-
logie des lettres que l'on voit auffi,
eft dûë en partie au célébre An-
toine le Maître. Ce grand homme,
l'ornement du Barreau en fon tems,
& plus grand encore par fa vertu &
par le mépris qu'il fit de tout ce qui
pouvoit l'élever dans le fiecle,
ayant fçû que M. Lombert travail-
loit à la Traduction dont nous par-
lons, lui communiqua cette Chro-
nologie qu'il avoit dreffée, & qui
fut applaudie des Sçavans. Le Public reçut avec joïe cette Traduction des ouvrages de Saint Cyprien. Tout le monde fçait, avec
quel

quel empreſſement elle fut recher-
chée, & depuis long-tems elle étoit
devenuë fort rare, &, par une
ſuite aſſez ordinaire, d'un prix con-
ſidérable, lorſqu'elle fut réimprimée à Roüen en 1716, auſſi en
deux volumes *in-quarto.* Nous
ne prétendons pas cependant que
cette Traduction ſoit ſans défauts,
& il nous a paru qu'en quelques en-
droits le Traducteur n'avoit pas
toujours bien pris le ſens de ſon
Auteur ; mais ce défaut d'exactitude n'eſt pas commun, & lorſqu'il
ſe rencontre, il n'altere aucune
vérité. Feu M. Camuſat dit dans
ſon hiſtoire des Journaux, que
cette Traduction fut miſe dans l'*In-
dex* des livres défendus à Rome,
& que M. Lombert en conçût tant
de chagrin qu'il en devint fou, &
que depuis il ne fut plus capable de
rien. Mais 1°, M. Lombert n'i-
gnoroit point que ces ſortes de dé-
fenſes faites à Rome, n'ont jamais
été reçuës en France, & qu'ainſi
n'aïant

n'aïant aucun caractere propre à flétrir la réputation d'un Auteur, elles ne pouvoient si fortement.affliger M. Lombert, quelque sensible même qu'il pût être à sa réputation. 2°. Il faudroit supposer que cette condamnation tarda bien long-tems à être faite à Rome, puisque cette Traduction parut en France en 1672. & que M. Lombert fit encore paroître un fruit de sa composition en 1683, ce qui n'est sûrement pas une preuve de la folie où l'on suppose qu'il est tombé. Quoiqu'il en soit la Traduction de la Cité de Dieu de Saint Augustin, dont nous donnons aujourd'hui une nouvelle édition, suivit de près celle des ouvrages de S. Cyprien. Elle parut en 1675 en deux volumes 8°. à Paris, & fut réimprimée dans la même forme en 1693. Saint Augustin s'est chargé dans cet ouvrage, de venger la Religion Chrétienne, des outrages que lui faisoit l'Idolatrie, irrité par

ses

ses nouvelles disgraces. Il entreprit d'y établir la verité de la Religion Chrétienne, qu'il nomme la Cité de Dieu, sur les ruines du Paganisme qu'il appelle la Cité du monde. L'execution de ce grand dessein qui montre dans son Auteur une érudition profonde jointe à une force de raisonnement & à une solidité de preuves qu'on ne peut assez admirer, est partagée en vingt-deux Livres, qui ont été traduits dans presque toutes les langues que l'on parle en Europe. On peut voir le détail de ces traductions dans les *Pandectæ Brandenburgenses* de Christophe Hendreichius. Le sçavant Jean Albert Fabricius en cite quelques-unes dans son Catalogue de ceux qui ont écrit pour & contre la verité de la Religion Chrétienne, imprimé en latin *in-*4°. à Hambourg en 1725, & réimprimé depuis avec des augmentations. Raoul de Presle est le premier que l'on connoisse qui ait
entrepris

entrepris de traduire cet ouvrage de Saint Augustin en françois. Les dix premiers Livres parurent en 1486, & les sept suivans en 1487 ; les uns & les autres à Abbeville, par les soins de Jean du Pré & Pierre Gerard, Libraires & Imprimeurs de cette ville. Gentien Hervet qui a assisté au Concile de Trente, publia de cet ouvrage une nouvelle Traduction en 1570, *in-folio*, à Paris, & enrichie des Commentaires de Loüis Vivés sur ce grand Traité de saint Augustin. Ces deux Traductions, fort défectueuses en elles-mêmes, quoique la seconde ait été réimprimée plusieurs fois, sont d'ailleurs écrites d'un style qui depuis long-tems n'est plus supportable. Ce double inconvénient engagea M. Cerisier, & ensuite le célébre M. Giry, de l'Académie Françoise, à s'appliquer de nouveau à traduire cet ouvrage. Le dernier étoit capable d'y réussir, il écrivoit purement & avec assez de

facilité

facilité, & il entendoit bien les deux langues. La plûpart de ſes Traductions françoiſes ſont encore recherchées aujourd'hui, & nous croions qu'elles mériteront de l'être tant que nous n'en aurons pas de meilleures. Mais il n'a traduit que les dix premiers Livres de la Cité de Dieu, qui ne ſont pas à la vérité les moins importans de ce grand ouvrage. M. Lombert a traduit les vingt-deux Livres, & ceux qui ont lû cette Traduction, conviennent qu'elle nous repréſente parfaitement & avec toute la pureté & toute la netteté que l'on peut deſirer, l'eſprit & les ſentimens de l'original. On doit donc en être fort obligé à l'Auteur, qui outre ſon éloquence ordinaire, a encore employé un très-grand travail à lire & à conferer le texte qui nous reſte ſur les anciens manuſcrits, pour nous éclaircir & applanir les diffi-cultés, & pour remédier aux dé-fauts qui s'y étoient gliſſés, ou par

l'injure

l'injure dés tems, ou par la négli-
gence des copiſtes. C'eſt une partie
du témoignage que pluſieurs Doc-
teurs de Sorbonne ont rendu à
cette Traduction, & auquel il eſt
difficile de ne pas fouſcrire. Nous
croyons donc que c'eſt faire un vrai
préſent au Public, de lui donner
une nouvelle édition de cette Traduction. Les Fideles qui n'enten-
dent pas la langue latine, ou à qui
elle n'eſt pas aſſez familiere ne peu-
vent qu'être remplis de reconnoiſ-
fance de ce qu'on les met en état
de profiter de la lecture d'un ouvrage qui a été généralement eſtimé
dans l'Egliſe depuis que Saint Auguſtin l'eut écrit vers l'an 412 ; &
où, ſelon le témoignage d'un Auteur moderne dont on connoît l'eſprit & l'érudition, tout ſe trouve
également prétieux. C'eſt M.
l'Abbé Houtteville, qui porte ce
jugement du livre de la Cité de
Dieu, dans le Diſcours hiſtorique
& critique qu'il a mis au-devant
de

de son ouvrage intitulé : *La Reli-*
gion Chrétienne prouvée par les
faits. L'analyse qu'il a donné dans
le même discours, des dix pré-
miers Livres de ce Traité de Saint
Augustin, montre encore mieux
quelle estime ce critique moderne
fait de l'ouvrage entier du Saint
Docteur.

En 1681, M. Lombert donna
une Traduction françoise des Prin-
cipes de la Vie Chrétienne, écrits
en latin par le Cardinal Bona, &
l'un des meilleurs ouvrages de morale & de pieté que l'on ait donné
dans le dernier siecle. Le Pere Ni-
ceron Barnabite, n'a point parlé
de cette Traduction dans l'article
qu'il a donné au Cardinal Bona
dans ses Mémoires pour servir à
l'histoire des Hommes illustres,
dans la République des lettres : il
n'a cité que celle que M. le Presi-
dent Cousin donna en 1675, & la
derniere qui parut en 1728, à Paris chez Mariette, & qu'il donne

à

à M. l'Abbé Goujet, Chanoine de Saint Jacques l'Hôpital. Enfin on attribuë à M. Lombert une Traduction des Commentaires de Saint Augustin sur le Sermon de Notre-Seigneur Jesus-Christ sur la Montagne. Elle parut en 1683, & a été réimprimée en 1701 *in*-18. Voilà tout ce que nous connoiſſons des ouvrages de M. Lombert, qui mourut à Paris, vers l'an 1710. M. Baillet en parle avec éloge, mais en peu de mots, dans ſes jugemens des Sçavans ſur les Traducteurs. C'eſt dans le Tome 3. de l'Edition *in*-4°. Cet habile Critique reproche cependant à ce Traducteur d'avoir trop imité M. d'Ablancourt, qui prétoit quelquefois ſes propres penſées aux Auteurs qu'il traduiſoit, au lieu de s'en tenir exactement à leurs penſées, & de s'appliquer ſeulement à les faire parler françois. Nous ne croyons point que ce reproche puiſſe tomber ſur la Traduction de la Cité de Dieu.

M.

M. Baudouin, Chanoine de Laval,
la met entre les livres qu'un Gou-
verneur ne doit pas manquer de
mettre dans les mains de ses éleves,
tant à cause de la solidité de l'Ouvrage en lui-même, qu'eu égard à
la pureté & à l'élégance de sa Traduction. C'est dans son Traité de
l'Education d'un jeune Seigneur,
imprimé à Paris en 1728 *in*-12,
qu'il recommande cette lecture.
Mais il s'est trompé en nommant
le Traducteur Lambert; & ce n'est
pas la seule faute que cet Auteur
ait faite dans son Traité, d'ailleurs
excellent, soit par rapport aux
noms propres, soit dans l'attribu-
tion qu'il fait de plusieurs Ouvrages à ceux à qui ils n'appartiennent
point, comme on l'a fait remarquer
dans une lettre écrite sur ce sujet,
qui se trouve imprimée dans la
Bibliotheque françoise, tome XIV.
premiere partie, à Amsterdam,
chez du Sauzet, en 1730, après
l'extrait que les Auteurs de ce
Journal

Journ ont fait du livre même de M. Baudouin. Dans le nouveau Supplément au Dictionnaire de Moréri, imprimé à Paris en 1735, on trouve un article détaillé sur M. Lombert, principalement sur ce qui regarde ses ouvrages. Le sieur Camusat, de Besançon, mort en Hollande le 22 d'Octobre 1732, avoit promis de plus grands détails sur M. Lombert, qu'il devoit donner dans le Dictionnaire historique & critique qu'il a souvent annoncé, & qui devoit servir de Supplément à celui de Bayle. Mais cet ouvrage n'a jamais paru, & l'on assure que l'Auteur ne l'avoit qu'imaginé. Tout le monde sçait que jamais Auteur ne fut plus fécond en projets, & qu'il n'en a presque exécuté aucun.